GUIA PRÁTICO DE PROGRAMAÇÃO SQL PARA INICIANTES.

Contente

O que é SQL (Linguagem de Consulta Estruturada)?

Uma linguagem de programação definida chamada SQL, que significa Linguagem de Consulta Estruturada, é usada para gerenciar bancos de dados relacionais e executar várias operações nos dados que eles contêm. Originalmente desenvolvido na década de 1970, o SQL é comumente usado por administradores de banco de dados, programadores que criam scripts de integração de dados e analistas de dados que configuram e executam consultas analíticas.

Os seguintes usos do SQL:

Sistemas de gerenciamento de banco de dados relacional (RDBMS) permitem que os usuários modifiquem tabelas de banco de dados e estruturas de índice, adicionem, atualizem e excluam linhas de dados e recuperem subconjuntos de informações. Essas ações podem ser usadas para processamento de transações, aplicativos analíticos e outros aplicativos que requerem interação com um banco de dados relacional. Os usuários podem adicionar, modificar ou recuperar informações contidas nas tabelas do banco de dados usando consultas SQL, bem como outras operações que normalmente assumem a forma de comandos.

A parte mais básica de um banco de dados é uma tabela, que contém linhas e colunas de dados. Cada registro é gerenciado em uma única linha da tabela e está contido em uma única tabela. O tipo mais comum de elemento ou estrutura de banco de dados relacional que armazena ou faz referência a dados são as tabelas. Aqui estão alguns outros tipos de itens de banco de dados:

As informações contidas em uma ou mais tabelas de dados são representadas logicamente por visualizações.

As pesquisas de banco de dados podem ser aceleradas usando tabelas de pesquisa indexadas.

As informações de determinadas tabelas, geralmente um elemento dessas informações selecionado com base em critérios de pesquisa, são usadas para gerar relatórios.

Cada linha em uma tabela contém um valor de dados para a linha que cruza e cada linha em uma tabela corresponde a um tipo de dados, como o nome ou endereço de um cliente.

Onde está a fonte de dados do SQL Server?

Abra o projeto ou conecte-se ao banco de dados que contém a exibição da fonte de dados que você deseja usar para localizar dados no SQL Server Data Tools. Clique duas vezes na exibição da fonte de dados depois de expandir a pasta Exibições da fonte de dados no Solution Explorer.

Quantas fontes de dados SQL são criadas?

Acesse as Ferramentas Administrativas no Painel de Controle e escolha entre Fontes de Dados ODBC (64 bits) e Fontes de Dados ODBC (32 bits). Você também pode executar odbcad32.exe. Clique em Adicionar após selecionar a guia User DSN,

Machine DSN ou File DSN. Clique em Concluir após selecionar SQL Server.

Instrução SELECT no SQL Server.

Usando terminologia e exemplos, esta lição do SQL Server demonstra como usar o comando SELECT no Transact-SQL.

Descrição

Para recuperar dados de uma ou mais linhas em um banco de dados do SQL Server, use o comando SELECT no SQL Server (Transact-SQL).

sintaxe

A sintaxe básica da instrução SELECT do SQL Server (Transact-SQL) é a seguinte:

Declarações SELECT FROM tabelas [restrições WHERE];

No entanto, para SQL Server (Transact-SQL), a sintaxe de consulta SELECT completa é:

Selecione "TODOS | ÚNICO"
[/TOP (valor superior) [%]
expressões de tabela [WITH LOOPS]
[ONDE circunstâncias]
As expressões são agrupadas por.
(CONDICIONAL)

[ORDEM POR FÓRMULA] ; [ASC | DESCRIÇÃO]

Cláusula WHERE no SQL
A cláusula WHERE no SQL
Os registros podem ser filtrados usando a cláusula WHERE.

Sua finalidade é extrair apenas registros que atendam a um requisito específico.

SELECT coluna1, coluna2,... FROM nome da tabela WHERE condição;
Nota: A cláusula WHERE é usada em comandos UPDATE, DELETE, etc. bem como no SELECT!

mostrar banco de dados
Aqui estão alguns exemplos da tabela Clientes no banco de dados de exemplo Northwind:

ID do cliente Nome do cliente Nome do contato Endereço Cidade Código postal País 1

The Futterkiste, Alfred57 Maria Anders Obere Str., Berlin, Germany, 12209 Ana Trujillo's Sandwiches and HeladosAna Trujillo Avenue of the Constitution 2222 Mexico, DF 05021 MexicoJonathan Moreno TaqueraMexico 4 Antonio Moreno Mataderos 2312 Mexico DF 05023

From Horn to Horn120 Hanover Square, London, WA1 1DP, Reino UnidoBerglunds Quick RentalsBerguvsvägen 8 Christina Berglund/.

Operadores da cláusula WHERE

A cláusula WHERE suporta o uso dos seguintes operadores:

Operador Descrição Exemplo = Igual a > Maior que Menor que >= Maior ou igual a = Menor ou igual a > Diferente de. Nota: Este operador pode ser escrito da seguinte forma: em diferentes versões do SQL.= BETWEEN Em um intervalo especificado

AS Corresponde a um padrão IN para denotar os valores potenciais de uma coluna de maneiras diferentes.

CAS para SQLServer

Expressão CASE simples para SQL Server

A sintaxe básica da expressão CASE é mostrada abaixo:

Uma entrada CAS

QUANDO para ENTÃO rn, então e1, ENTÃO r1, então e2, ENTÃO r2, etc. CASO CONTRÁRIO re] FIM

A expressão CASE simples determina se uma expressão (ei) em cada cláusula WHEN e a expressão de entrada (input) são equivalentes. O resultado (ri) na cláusula THEN correspondente será retornado se a expressão de entrada corresponder a uma expressão (ei) na cláusula WHEN.

A expressão CASE retorna o valor da cláusula ELSE (re) se a expressão de entrada não corresponder a nenhuma outra expressão, desde que a cláusula ELSE esteja disponível.

A expressão CASE retorna NULL se a cláusula ELSE for omitida e a expressão de entrada não corresponder a nenhuma expressão na cláusula WHEN.
Explicar os tipos SQL JOINS com exemplos

CONECTE o básico

Os dados são armazenados em várias tabelas unidas por um valor de chave comum em bancos de dados relacionais, como SQL Server, MySQL e Oracle, entre outros. Às vezes, você precisa resumir dados de qualquer número de tabelas em uma tabela de resultados. A cláusula SQL JOIN no SQL Server simplifica isso.

Com base nas conexões lógicas entre as tabelas, a instrução JOIN SQL é usada para recuperar e consultar os dados de diferentes tabelas.
Em outras palavras, JOINS especifica como um servidor SQL deve selecionar entradas de outro banco de dados com base nas informações de outra fonte.

Existem vários tipos de JOINs no SQL Server, incluindo INNER JOIN, LEFT OUTER JOIN, RIGHT OUTER JOIN, SELF JOIN e CROSS JOIN.

Tipos de junção SQL simples

Um dos muitos tipos de junções oferecidos pelo SQL Server são INNER JOIN, Internal JOIN, Crossover JOIN e OUTER JOIN. Na verdade, cada tipo de junção descreve como duas tabelas são unidas em uma consulta. Outras subcategorias de junções externas são FULL OUTER JOINS, RIGHT OUTER JOINS e LEFT OUTER JOINS.

- A função SQL INNER JOIN une registros de duas ou mais tabelas com valores correspondentes para criar uma tabela de resultados.
- Uma consulta LEFT OUTER JOIN inclui elementos não correspondentes da tabela especificada antes da cláusula LEFT OUTER JOIN na tabela retornada.
- A tabela de resultados produzida por SQL RIGHT OUTER JOIN contém todos os dados da tabela da direita e apenas as linhas aceitas da tabela da esquerda.

- Unindo a mesma tabela consigo mesma, o procedimento SQL SELF JOIN permite uma comparação linha por linha dentro da mesma tabela.

- O procedimento SQL CROSS JOIN cria uma tabela de resultados que contém pares correspondentes para cada entrada na primeira tabela e cada linha na segunda tabela.

ARTICULAÇÃO

Os dados de ambas as tabelas são recuperados usando o comando INNER JOIN, que retorna apenas registros ou linhas com valores correspondentes.

Em nosso exemplo, queremos obter dados de vendas. As tabelas Production e SalesOrderDetail.Product usando SOD for Sales como um alias para produção e detalhes de ordem de venda. Produtos. Comparamos os registros dessas colunas na instrução JOIN. Observe como o SQL Complete lida com as recomendações de código.

Exploração e agregação de dados do SQL Server.

problema

Ao processar dados transacionais armazenados no SQL Server usando R para raciocínio estatístico, a exploração e agregação de dados são dois componentes críticos. Explorar dados usando linguagens de ciência de dados como R geralmente envolve filtragem, classificação, transformação, agregação e visualização de dados. Existem muitas maneiras de implementar essas funções. O processamento de dados em particular geralmente requer o uso de muitas bibliotecas, o que exige que os desenvolvedores aprendam todas essas bibliotecas. Se houvesse um pacote flexível que pudesse agir como um canivete suíço e executar muitas funções de transformação de dados na mesma biblioteca, seria mais fácil para os desenvolvedores iniciantes em ciência de dados realizarem seus trabalhos. Você pode encontrar informações detalhadas sobre este pacote neste guia de duas partes.

Solução

As iniciativas de ciência de dados podem se beneficiar muito das muitas opções de manipulação de dados oferecidas pelo pacote dplyr R. Ele contém um conjunto de verbos úteis para limpar, organizar, visualizar e analisar dados. Para realizar essas tarefas, você pode usar o pacote dplyr da linguagem de programação R. Ao lidar com grandes conjuntos de dados, não é recomendável armazená-los em R; Em vez disso, os dados devem ser coletados no SQL Server e processados com uma ferramenta R como dplyr.

descrever

a exploração, manipulação e visualização de dados básicos. Usando SQL Server e R, veremos vários recursos de gerenciamento de dados do dplyr.

A configuração inicial, a configuração de dados, a configuração do R no SQL Server e as funções básicas de classificação, filtragem e mixagem de dados habilitadas pelo pacote dplyr são abordadas na Parte 1 desta série.

Na Parte 2, aprenderemos sobre alguns dos métodos dplyr mais complexos, incluindo agregação de dados, encadeamento de funções e mapeamento básico de mineração de dados.

Resumo dos recursos da janela SQL do Windows SQL Server

Uma única linha de saída é criada combinando cálculos de várias linhas de saída usando funções agregadas.

A função de agregação SUM() é usada na seguinte consulta para obter a remuneração total de todos os funcionários da empresa:

A linguagem de programação SQL (Structured Query Language) é usada para SELECT SUM(salary) sum_salary FROM Workers.

Isso é o que aconteceu:

Cada linha na tabela de trabalho foi mesclada em uma linha, como pode ser visto na saída.

Uma função de janela executa cálculos em um conjunto de linhas, como uma função de agregação. No entanto , a combinação de várias linhas de saída em uma não acontece ao usar uma função de janela.

A função de janela SUM() é usada na consulta a seguir. Além dos salários de cada funcionário individual, o salário total de todos os funcionários também é determinado:

PARA nome, sobrenome, salário e soma_salário DO trabalhador;
SUM(salário) OVER();
Sintaxe da função da janela SQL
As funções de janela têm a seguinte sintaxe:

A linguagem de consulta estruturada (SQL) é usada nas expressões dos nomes de função do Windows OVER (frame_clause, order_clause e partition_clause).
nome da função da janela

o nome de uma função de janela disponível, por exemplo B. SUM(), ROW_NUMBER() ou RANK().

Expressão

a coluna ou expressão de destino na qual a função de janela opera.

frase completa

A ordem das linhas em uma partição é especificada pela cláusula OVER, que define as partições de janela para criar rowgroups. As cláusulas divide, order e frame formam a cláusula OVER.

A cláusula de partição que divide as linhas usa a função window. Sua sintaxe é a seguinte:

Todo o conjunto de dados é considerado uma única partição se a cláusula SPLIT BY for omitida. BY expr1, expr2, PARTITION BY... é SQL ou linguagem de consulta estruturada, linguagem codificada.

As linhas de uma partitura às quais a função de janela é aplicada são listadas na cláusula de ordem:

DESCREVA POR FÓRMULA A linguagem de consulta estruturada, "[ASC|DESC]," [NULL LAST|NULL FIRST] é uma linguagem de programação.
Um elemento desta partição é um quadro. Uma das seguintes sintaxes é usada para definir o quadro:

Linhas Frame_start entre Frame_Start e Frame_End em ARRAY | ESPAÇO SÉRIE | LINHAS
A linguagem de programação utilizada é a Structured Query Language (SQL) e frame_start pode assumir um dos seguintes valores:

N PRIOR UNBINDED PREVIOUS é a linha atualmente em uso.

O final do quadro é um dos seguintes parâmetros na linguagem de programação SQL (Structured Query Language):

UMA LINHA CONTÍNUA APÓS N NÃO TEM BORDAS.

Operações com data SQL Data SQL

Contanto que seus dados contenham apenas o componente de dados, suas consultas se comportarão conforme o esperado. Mas quando você adiciona um elemento de tempo, fica mais difícil.

Tipos de dados de data SQL
O MySQL fornece os seguintes tipos de informações para armazenar um valor de data ou hora e local em um banco de dados:

O formato da data é AAAA-MM-DD.
O formato de hora para datas é HH:MI:SS AAAA-MM-DD.
TIMESTAMP - Estilo: HH:MI:SS ANO AA ou AAAA-MM-DD
Para armazenar um valor de data ou hora no banco de dados, o SQL

Server fornece os seguintes tipos de dados:

O formato da data é AAAA-MM-DD.
O formato de hora para datas é HH:MI:SS AAAA-MM-DD.
O formato TIMESTAMP para SMALLDATETIME é HH:MI:SS AAAA-MM-DD, que é um único número inteiro.
Lembre-se: os tipos de data são escolhidos para uma coluna quando você cria uma nova tabela em seu banco de dados!

Usando datas no SQL
Veja a tabela abaixo:

Tabela de pedidos 1 ID do pedido Nome do produto Data do pedido 2008-11-11 Geitost
09/11/2008 Pierrot 2 Camembert

Mascarpone 29/10/2008 3
Giovanni's Mozzarella 11/11/2008
3 Fabioli

Python Exploratory Data Analysis (EDA) com SQL

A análise exploratória de dados (EDA) usa gráficos estatísticos junto com métodos de representação de dados adicionais para analisar conjuntos de dados e destacar suas principais propriedades. A EDA é normalmente usada para examinar o que os dados estão nos dizendo além dos modelos oficiais ou testes de hipóteses, mas outros modelos estatísticos podem ou não ser usados.

bem, sempre...

Item

Os dados do Fitbit são cuidadosamente revisados. Os resultados mais importantes são destacados e discutidos. Para o estudo aqui apresentado, 940 pontos de dados foram coletados de 33 usuários diferentes.

Ao ler este artigo, quero que você entenda a lógica e a mentalidade por trás da escrita de código.

Primeiro, mapeamos minutos e milhas com base no nível de atividade de cada pessoa para obter uma visão geral de seu estilo de vida.

Por que devo fazer um EDA?

Acho que uma consulta melhor seria:

Quando você não gostaria de usar o EDA?

A EDA é uma das etapas mais importantes da ciência de dados e nos permite obter insights específicos e medidas estatísticas dos dados com os quais estamos trabalhando. Para uma lista ilimitada de usuários, como gerentes de negócios, partes interessadas, cientistas de dados etc., isso é crucial.

A EDA ajuda os cientistas de dados a definir e refinar a seleção de variáveis de recursos críticos usadas no modelo de aprendizado de máquina não treinado.

Usaremos alguns dados do FitBit nesta história para ilustrar nosso ponto.

Cientistas de dados, estatísticos, médicos, fisiologistas e psicólogos, para citar alguns campos de pesquisa acadêmica, estão interessados em estudar dados de rastreadores de condicionamento físico. Encontrar correlações em dados complexos de séries temporais, como o FitBit Fitness Tracker, pode ajudar a detectar tendências na vida cotidiana, bem como desvios desses padrões.

Como usar o SQL para análise de dados?

- Treinamento de SQL para ciência de dados

- SQL Basics in Stage 1. Você lerá bancos de dados e analisará dados com base em seu caso de uso como cientista de dados.
- Agregações na etapa 2.
- Etapa 3: classificar e agrupar.
- Passo Quatro: Junte-se.
- Quinto passo: subconsultas.
- Etapa 6: Use SQL para resolver problemas de negócios.
- As funções da janela são o sétimo passo.

ONDE devo praticar consultas SQL complexas?

Um curso abrangente de funções de janela com mais de 200 exercícios interativos está disponível em LearnSQL.com. Funciona com MS SQL Server, MySQL 8 e PostgreSQL.

O que as consultas SQL sofisticadas fazem?

LearnSQL.com - O que é SQL Avançado?

De acordo com esta resposta, seleção de coluna, funções agregadas como MIN() e MAX(), instrução CASE WHEN, JOINS, cláusula WHERE, GROUP BY, configuração de variável e subconsultas são todas abordadas no AdvancedSQL. No entanto, a resposta abaixo classifica a maioria dessas disciplinas como elementares ou, na melhor das hipóteses, intermediárias.

Como posso tornar minhas consultas SQL complicadas mais eficientes?

As consultas devem ser ajustadas para que tenham o menor impacto negativo no desempenho do banco de dados.

Primeiro, determine suas necessidades de negócios.

Em vez de usar SELECT *, use campos SELECT....

Evite usar SELECT DISTINCT.

Crie junções com INNER JOIN em vez de WHERE.

Em vez de usar HAVING para criar filtros, use WHERE.

Curingas só devem ser usados no final das frases.

Usando SQL para construir um modelo de aprendizado de máquina (ML).

O SQL oferece suporte ao aprendizado de máquina?

Aprendizado de máquina com SQL

O SQL facilita carregar, limpar, inspecionar e recuperar os registros de relacionamento comuns aos registros. Portanto, esteja você configurando uma nova rede de aprendizado ou trabalhando em ETL para um sistema existente, o SQL é uma ferramenta útil e um componente crucial do aprendizado de máquina.

Quantos registros são criados usando SQL?

1. Vestir
2. Na página Biblioteca, clique em Importar dados.
3. Na tela Importar dados, selecione uma conexão.
4. Localize a tabela que deseja importar de sua origem.
5. Para examinar as colunas no conjunto de dados, clique no botão Visualizar.
6. Clique no botão Criar registro usando SQL.
7. O campo à direita agora contém a fonte modificada.

Como você cria um conjunto de dados para análise?

No painel de dados SAP, clique no ícone Criador de negócios. Em seguida, selecione "Novo conjunto de dados analíticos". Selecione a unidade de dados que deseja usar para este registro. Clique na entidade que deseja usar ou use a barra de pesquisa superior da janela pop-up para procurá-la.

Como você cria um conjunto de dados para análise?

No painel de dados SAP, clique no ícone Business Builder. Em seguida, selecione "Novo conjunto de dados analíticos". Selecione a unidade de dados que deseja usar para este registro. Clique na entidade que deseja usar ou use a barra de pesquisa superior da janela pop-up para procurá-la.

Como os dados podem ser alterados no SQL?

Usando o SQL Server Management Studio

Para recuperar as linhas que deseja alterar, pode ser necessário editar a instrução SELECT no painel SQL. Na janela de resultados, localize a linha que precisa ser editada ou excluída. Clique com o botão direito do mouse na linha e escolha Excluir para excluí-la. Edite os dados da coluna para fazer alterações em um ou mais dados da coluna.

O que significa modificar dados SQL?

Editar dados é fundamentalmente diferente de pesquisar dados. Examinar o conteúdo das tabelas é uma etapa necessária na consulta de dados. Para ajustar os dados, o conteúdo da tabela deve ser alterado. Modifique os dados em seu banco de dados. subtrair linhas.